Títulos de No Ficción de Janvier T.Chando

ÍCONOS Y VILLANOS: Los Asesinatos Políticos Recientes que Transformaron...
HÉROES CAÍDOS: Líderes Africanos Cuyos Asesinatos Desarraigaron...
CAMEROUN: El Sistema Disfuncional de Francia en África…
UCRANIA: El Tira y Afloja entre Rusia y Occidente
CAMERÚN: El Corazón Embrujado de África

Títulos de Ficción de Janvier Chando

El Usurpador: y Otras Historias
Triple Agente, Doble Cruz
Discípulos de Fortuna
La Unión Moujik
Cometas Espléndidos
Destello del Sol
Llamadas de Fortuna
Maestro de la Fortuna
Los Niños de la Fortuna
Estar Enamorado y Ser Sabio
La Leyenda del Fuego y el Hielo
La Locura más Dulce
Las Abuelas
El Fuego del Hambre
Las Sombras de Fuego
Padre e Hijos
El Doctor
Sombras Oscuras
Lazos Fatídicos
El Veredicto de Hades
El Juicio de Su Majestad
La Locura de Ngoko
El Usurpador
La Dote
Soy Odiado
El Patán

Próximos Títulos de Janvier Chando

Los Vagabundos Caseros
Los Amigos Mortales
Los Osos de Norilsk
El Halcón Blanco

LA FALLECIMIENTO DEL SÍMBOLO DEFECTUOSO DE LIBIA: El Asesinato de Muammar Gaddafi, el Desorden del País y las Réplicas Resultantes en África

Janvier T. Chando

TISI BOOKS

NUEVA YORK, RALEIGH, LONDRES, AMSTERDAM

PUBLICADO POR TISI BOOKS

LA FALLECIMIENTO DEL SÍMBOLO DEFECTUOSO DE LIBIA: El Asesinato de Muammar Gaddafi, el Desorden del País y las Réplicas Resultantes en África

© 2019 por Janvier Chando

ISBN-13: 978-1-7087-9765-2

ISBN-10: 1-7087-9765-3

PUBLICADO POR TISI BOOKS

www.tisibooks.com

NUEVA YORK, RALEIGH, LONDRES, AMSTERDAM

Impreso en los Estados Unidos de América

AGRADECIMIENTO

Palabras especiales de agradecimiento a tía Anna Mapajane Chitja que primero me hicieron pensar en el legado de Muammer Gaddafi.

DEDICACIÓN

El libro está dedicado a todos los líderes icónicos y legendarios cuyos propósitos eran servir a la humanidad y promover el bienestar de la humanidad, especialmente aquellos que fueron interrumpidos en sus misiones históricas por las fuerzas malignas de este mundo.

LA FALLECIMIENTO DEL SÍMBOLO DEFECTUOSO DE LIBIA: El Asesinato de Muammar Gaddafi, el Desorden del País y las Réplicas Resultantes en África

CONTENIDO

CITAS DE MUAMAR GADAFI

"Debe haber una revolución mundial que ponga fin a todas las condiciones materialistas que impiden a la mujer desempeñar su papel natural en la vida y la llevan a cumplir los deberes del hombre para ser igual en derechos."

"Las naciones cuyo nacionalismo es destruido están sujetas a la ruina."

"Falta la libertad del hombre si alguien más controla lo que necesita, porque la necesidad puede resultar en la esclavitud del hombre."

"Una vez que un gobernante se vuelve religioso, te resulta imposible debatir con él. Una vez que alguien gobierna en nombre de la religión, sus vidas se convierten en un infierno."

"Que la gente libre del mundo sepa que podríamos haber negociado y vendido nuestra causa a cambio de una vida personal segura y estable. Recibimos muchas ofertas en este sentido, pero elegimos estar a la vanguardia de la confrontación como una insignia de deber y honor."

"No tengo nada más que desprecio por la noción de una bomba islámica. No hay tal cosa como una bomba islámica o una bomba cristiana. Cualquier arma de este tipo es un medio de aterrorizar a la humanidad, y estamos en contra de la fabricación y adquisición de armas nucleares. Esto está en línea con nuestra definición y oposición al terrorismo. "

"No participaré en una conspiración para movilizar a los Árabes contra los persas. Solo las fuerzas del colonialismo se benefician de tal conspiración. No participaré en una conspiración que divide el Islam en dos — el Islam Chiíta y el Islam Sunita —movilizando el Islam Sunita contra el Islam Chiita."

"Los tiempos del nacionalismo Árabe y la unidad se han ido para siempre. Estas ideas que movilizaron a las masas son solo una moneda sin valor. Libia ha tenido que soportar demasiado de los Árabes para quienes ha derramado sangre y dinero."

MAPAS

Líbia en un Mapa del Mundo

Líbia en un Mapa del Mundo Árabe

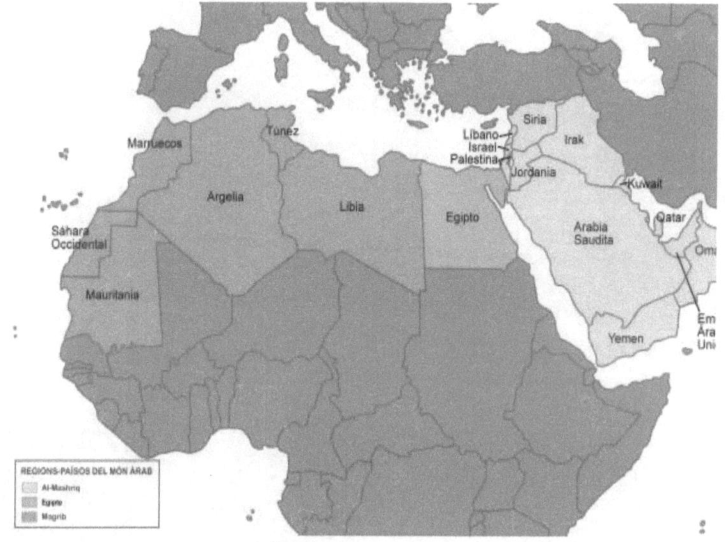

A Primavera Árabe

Economist.com

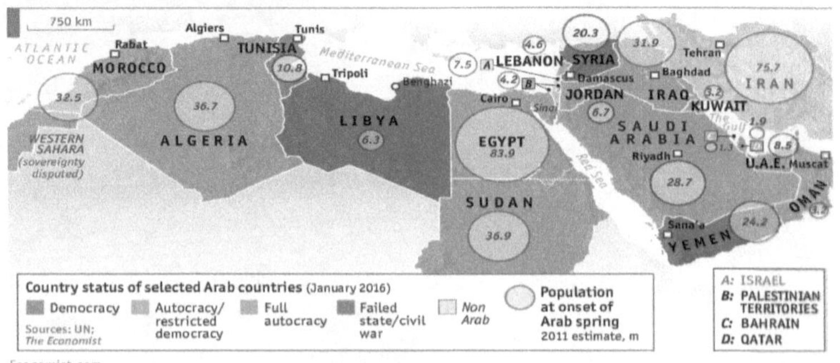

Mapa Político de los Países Africanos

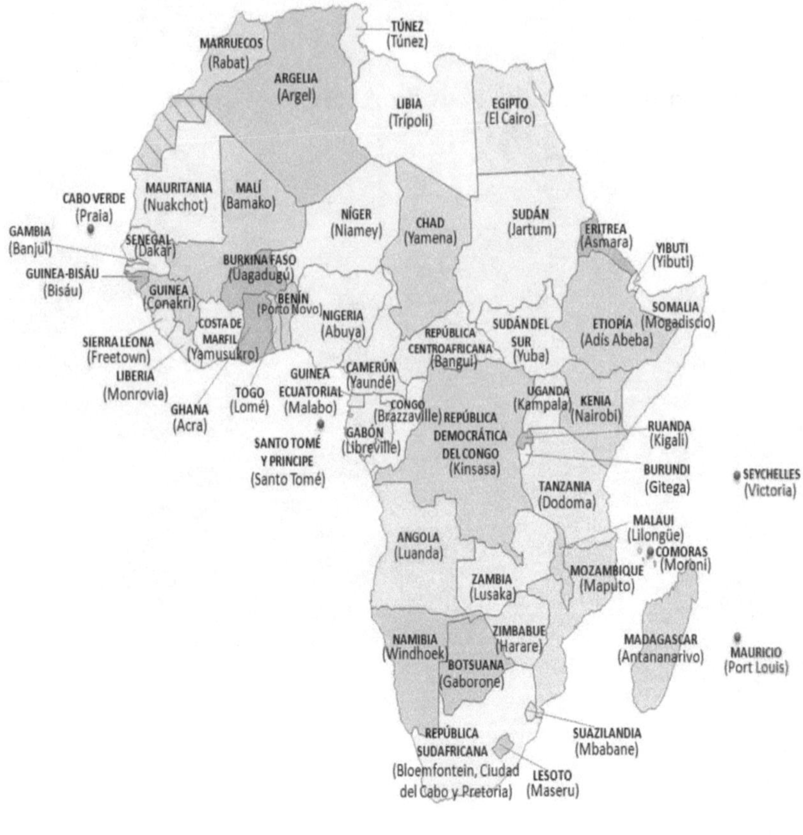

Mapa de Partición de África: 1884-1914

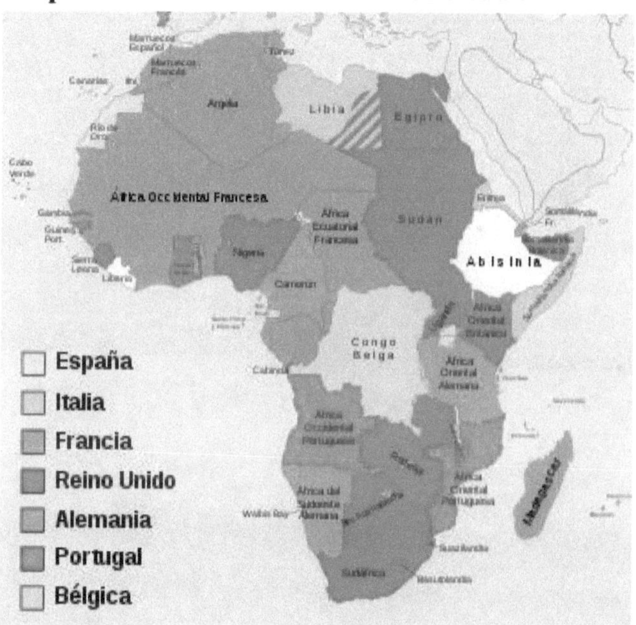

La independencia de los países africanos

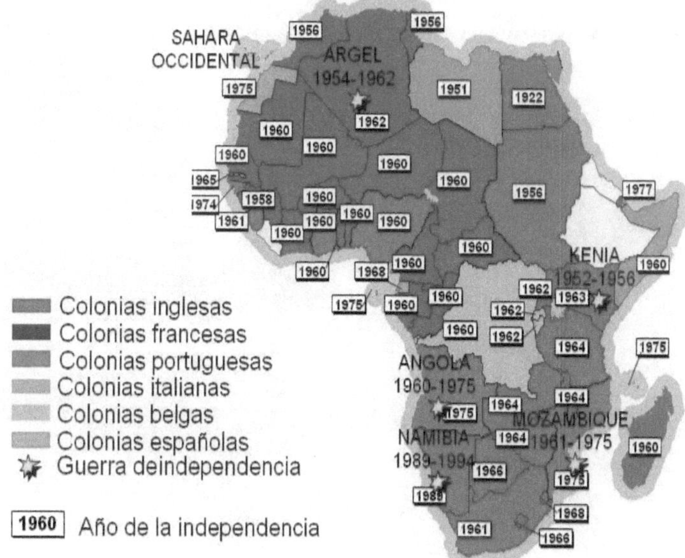

Mapa Administrativo de Líbia

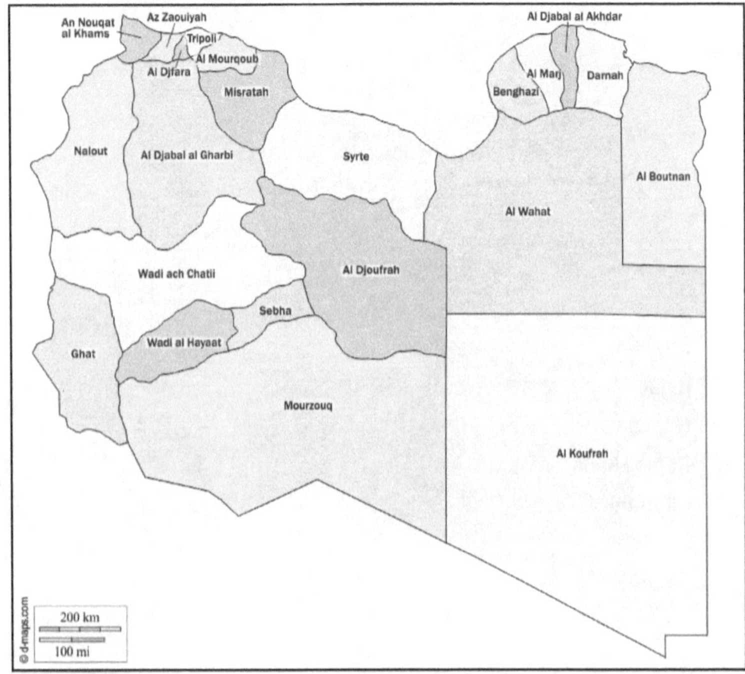

Los Recursos Naturales de la Región Centro-Africana

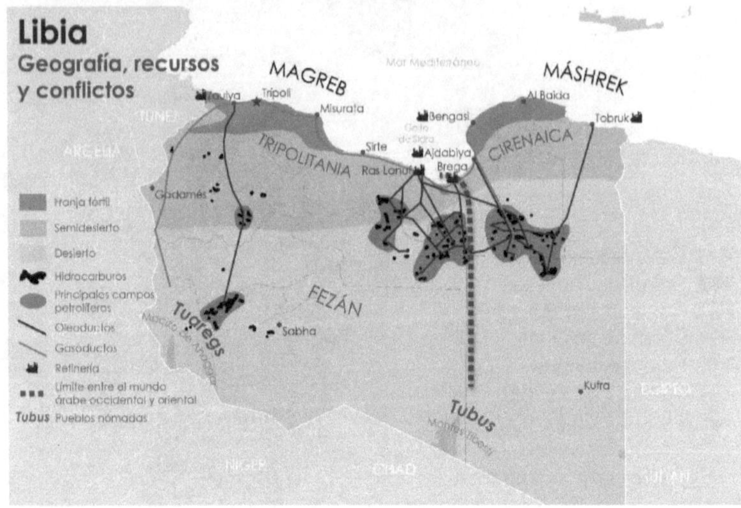

INTRODUCCIÓN

En mi búsqueda de la respuesta a por qué existen ciertos puntos críticos geopolíticos en el mundo, en mi búsqueda de la (s) razón (es) por las que algunos países y el mundo en general experimentaron cambios repentinos y dramáticos que llevaron a la guerra, la inestabilidad o una reorientación de sus Las políticas nacionales y extranjeras que no solo afectaron a estos países sino que también influyeron en ciertas regiones o en todo el mundo, exploré los asesinatos políticos en las últimas docenas de décadas que cambiaron nuestro mundo. Por nuestro mundo, quiero decir nuestras comunidades, países, regiones y la humanidad en general.

Al tratar los diferentes asesinatos que tuvieron lugar a lo largo de los años, utilicé un enfoque caracterizado por la sociología política, donde analicé sucintamente los factores históricos y sociales que no solo condujeron a los asesinatos, sino que también surgieron del asesinato de estas figuras históricas. Y a partir de estos factores, se nos presenta una idea o imágenes de cómo la sociedad afectada ha evolucionado desde los eventos traumáticos.

A partir de las reacciones violentas que siguieron al

asesinato de figuras históricas, legendarias o icónicas, podemos aprender algo útil y crear escenarios o qué esperar como calamidades si líderes particulares son asesinados, y así actuar en consecuencia para evitar sus asesinatos.

Capítulo Uno

Muammar al-Gaddafi

Durante un poco más de tiempo, la historia de Muammar al-Gadafi continuará apareciendo en los principales discursos políticos en África y Oriente Medio; y su vida y especialmente la muerte de vez en cuando serían una fuente de satisfacción, irritación, controversia, tristeza, enojo y disgusto en el resto del mundo.

¿Cómo fue esta figura divisiva que dominó la política Libia durante cuatro décadas, que apoyó la unidad Árabe y luego Áfricana, que trajo mejoras significativas a la calidad de vida de los Libios, convirtiéndolos en la envidia del resto de África, y que fue alabado por algunos por su postura antiimperialista, terminó aislado, perseguido y cazado por la OTAN (Organización del Tratado del Atlántico Norte) y finalmente asesinado por Libios en una guerra civil donde sus enemigos extranjeros lucharon con los rebeldes Libios? ¿Por qué fue fuertemente opuesto por fundamentalistas islámicos, condenados por las potencias occidentales como un dictador que violó los derechos humanos de su pueblo y financió el terrorismo global, y por qué las personas con las que quería trabajar lo mantenían alejado?

Podemos encontrar algunas de las respuestas de la cuenta a continuación.

Capítulo Dos

El controvertido Muammar al-Gadafi, que fue el jefe de estado más antiguo en África hasta su expulsión y muerte el 20 de Octubre de 2011, nació el 7 de Junio de 1942, en una familia tribal llamada al-Qadhafah en el asentamiento costero central de Sirte, Libia en un momento en que Libia era una colonia Italiana. Cuando en 1951, Libia obtuvo la independencia como el Reino Unido de Libia, y como una monarquía constitucional y hereditaria bajo el Rey Idris, aliado de Occidente; Gadafi apenas sabía lo que sucedía a su alrededor. Sin embargo, el movimiento nacionalista Árabe lo influiría mucho en su juventud, y él admiraría a su líder, el hombre fuerte Egipcio Gamal Abdel Nasser, hasta el punto en que decidió convertirse en un soldado como su héroe Egipcio, un sueño que cumplió al ingresar el colegio militar en la ciudad de Bengasi, en el este de Libia, en 1961. Eventualmente pasaría cuatro meses de entrenamiento militar en el Reino Unido.

En Libia, Gadafi ascendió constantemente entre los militares a medida que la explotación del petróleo traía riqueza al país. Sin embargo, el descontento creció por la mayor concentración de la riqueza de la nación en manos del Rey Idris. Fue durante este tiempo que el talentoso y carismático Gadafi se involucró con un movimiento de jóvenes oficiales empeñados en derrocar al rey. Eventualmente ascendería al poder en el grupo a la posición de liderazgo. El 1 de Septiembre de 1969, el grupo derrocó al Rey Idris mientras estaba en el extranjero en Turquía para recibir tratamiento médico y nombró a Gadafi comandante en jefe de las fuerzas armadas y presidente del Consejo de Comando Revolucionario, el nuevo cuerpo gobernante de Libia, convirtiéndolo efectivamente en el gobernante de Libia a los veintisiete años.

Una de las primeras medidas que tomaron las nuevas autoridades para sellar su autoridad sobre el país del norte de África fue el cierre inmediato de las bases militares estadounidenses y británicas en Libia y su fuerte demanda de que las compañías petroleras extranjeras en el país compartan una mayor proporción de los ingresos con Libia. Ese mismo año, prohibieron la venta de alcohol y reemplazaron el calendario gregoriano por el islámico.

Un intento fallido de golpe de estado por parte de sus compañeros oficiales en Diciembre de 1969 haría que Gadafi pusiera en práctica leyes que penalizan la disidencia política. Expulsó a los Italianos restantes de Libia en 1970 y enfatizó lo que vio como una batalla entre el nacionalismo Árabe y el imperialismo occidental. Esto también lo vería muy expresivo en su oposición al sionismo e Israel, culminando en su expulsión de la comunidad judía del país. A medida que las relaciones con Occidente se deterioraron cada vez más, el círculo interno de personas confiables de Gadafi se hizo cada vez más pequeño, resultando en un estado policial cuyos agentes de inteligencia fueron lo suficientemente audaces como para perseguir incluso a los Libios que vivían en el exilio y que se consideraba que trabajaban con los enemigos del estado Libio.

Los primeros años del gobierno de Gadafi lo vieron haciendo intentos vigorosos para orientar a Libia lejos de Occidente hacia Oriente Medio y África. Sin embargo, Libia entraría en un conflicto militar con Egipto y Sudán después de que se inclinaran hacia el oeste tras la firma del acuerdo de paz Egipcio-Israelí entre el sucesor de Nasser, Anwar Sadat, y el primer ministro de derecha de Israel Menachem Begin. Libia incluso se involucraría en la sangrienta guerra civil en Chad contra la facción pro-Francesa en el conflicto.

Capítulo Tres

Cuando en la década de 1970 Gadafi publicó el primer volumen del Libro Verde, que es un trabajo de tres volúmenes que describe los problemas inherentes a la democracia liberal y el capitalismo, ello levantó cejas porque sus oponentes lo vieron como algo más que una explicación de su filosofía política. De hecho, el libro tenía como objetivo promover sus políticas como remedio a los problemas descritos. Sus otras afirmaciones de que su Nueva Libia se jactaba de los comités populares y de la propiedad compartida, generó inquietudes en varios sectores, a pesar de que las ideas en el libro no se reflejaron en el terreno en Libia de la manera que él afirmó.

A pesar de que el nivel de vida del Libio promedio bajo su gobierno mejoró hasta el punto de convertirse en el mejor de África, los enemigos extranjeros de Gadafi no fueron los únicos que notaron una dosis de excentricidad en su estilo de gobierno. El hecho de que él tenía un cuadro de guardaespaldas femeninas en talones a pesar de que Libia era un país Musulmán encaramado en una región donde los problemas de los derechos de las mujeres seguían siendo un remanso social; el hecho de que él se considerara el Rey de África después de que algunos líderes Africanos apreciaran su impulso por una Unión Áfricana y le concedieran el título; el hecho de que se sabía que levantaba una tienda de campaña para quedarse cuando viajaba al extranjero; el hecho de que vestía atuendos que, aunque reconocibles en varias partes de África, no se ajustaban a la norma diplomática; el hecho de que no era políticamente correcto y que a menudo decía lo que pensaba en un mundo donde la mayoría de los líderes preferían mantener las cosas bajo el radar; y el hecho de que no dejaría que Libia se convirtiera en vasallo de ninguna de las grandes potencias, lo convirtió en un cañón suelto en muchos de los círculos de poder.

De izquierda a derecha: Muamar Gadafi, Yasser Arafat de la Organización para la Liberación de Palestina, el Egipcio Abdel Nasser y el Rey Hussein de Jordania (1970)

Ronald Reagan, el 40 ° presidente de los Estados Unidos de América llamaría a Gadafi "El perro loco del Medio Oriente" después de concluir que el líder Libio no solo fue implacable en la represión de disidencia contra su gobierno autocrático en casa mientras sus agentes perseguían y mató a opositores en el extranjero, su gobierno también estuvo implicado en la financiación de muchos grupos anti occidentales de todo el mundo, incluidos grupos considerados organizaciones terroristas como el Baader Meinhof de Alemania, la Brigada Roja Japónesa, el Partido Republicano Irlandés y los numerosos Palestinos grupos que estaban luchando contra Israel. El hecho de que él también estaba apoyando varios movimientos de liberación en África como el Congreso Nacional Áfricano (ANC) en su campaña contra el Apartheid de Sudáfrica, el MPLA contra el maestro colonial Portugués en Angola, el FRELIMO contra el dominio colonial Portugués en Mozambique, SWAPO contra el dominio colonial SudÁfricano en Namibia y POLISARIO contra la ocupación Marroquí del antiguo Sáhara Occidental Español en desafío al deseo colectivo de la gente del territorio y la comunidad internacional; y el hecho de que él financiara golpes de estado contra jefes de estado Africanos que consideraba títeres occidentales, lo volvieron irritante en el mundo de las "naciones civilizadas."

Después de un bombardeo en 1986 de un club de baile de Berlín Occidental en Alemania que mató a tres e hirió a decenas de personas, Estados Unidos culpó a Libia por el ataque terrorista y a Estados Unidos. El presidente Ronald

Reagan ordenó el bombardeo de objetivos específicos en Libia, incluida la residencia de Gadafi en la capital Libia de Trípoli. En la campaña, Estados Unidos perdió un avión que fue derribado, lo que resultó en la muerte de dos de los miembros de su tripulación. Gadafi no murió en la campaña militar, pero Libia perdió a 45 soldados y funcionarios, y entre 15 y 30 civiles, incluida una joven que Gadafi afirmó, era su hija adoptiva llamada Hanna. Además, decenas de equipos militares del país del norte de África fueron destruidos.

Libia fue acusada de llevar a cabo el bombardeo de Lockerbie en 1988 cuando un avión que transportaba a 259 personas explotó cerca de Lockerbie, Escocia, matando a todos los pasajeros a bordo. La caída de escombros resultante mataría a 11 civiles adicionales en el suelo. Las Naciones Unidas pusieron a Libia bajo sanciones por estar implicada en el atentado. Pero eso no fue todo. También se creía que varios Libios, incluido un suegro de Gadafi, estaban detrás de la explosión del avión de pasajeros Francés UTA Flight 772 en 1989, matando a los 170 pasajeros a bordo del avión, incluida Bonnie Barnes Pugh, la esposa de Robert L. Pugh, quien fue el embajador de los Estados Unidos en la República de Chad, el principal vecino del sur de Libia.

Se cree que el acercamiento que comenzó en la década de 1990 entre Libia y Occidente se debió a los hijos de Gadafi que se inclinaban hacia el oeste y lograron convencer al líder Libio de que todo estaría bien si arreglaba los lazos con las potencias occidentales. Sin embargo, la descongelación de la relación entre Gadafi y

Occidente estaba ocurriendo en un momento de creciente amenaza de los islamistas que se oponían a su gobierno. Comenzó a compartir información con los servicios de inteligencia Británicos y estadounidenses sobre cómo contener y neutralizar este creciente fundamentalismo islámico.

Entonces, cuando en 1994, el nuevo presidente de Sudáfrica y jefe del partido gobernante del país el Congreso Nacional Áfricano — *Áfrican National Congress (ANC)* — Nelson Mandela (había pasado 27 años en la cárcel del Apartheid antes de su liberación en 1990 que comenzó el proceso pacífico en el desmantelamiento del apartheid) visitó Libia a pesar de que el país del norte de África estaba bajo una prohibición de viaje internacional, las potencias occidentales no estaban contentas con eso. Sin embargo, Nelson Mandela persuadió al líder Libio de entregar los dos ciudadanos Libios que los Estados Unidos de América y sus aliados occidentales sospechaban de haber planeado el atentado de Lockerbie. El mundo se sorprendió de que Gadafi aceptara hacerlo. El líder Libio confió en Nelson Mandela, quien resultó ser el único líder extranjero que visitó Libia durante el embargo de dos décadas sobre el país y una década de prohibición de vuelos. El exprisionero político y presidente SudÁfricano en ese momento realizó el exigente viaje por tierra desde Egipto a Libia en agradecimiento por el ferviente apoyo de Libia a las fuerzas SudÁfricanas contra el apartheid en su lucha contra el gobierno de la minoría blanca del sistema del apartheid en Sudáfrica. La visita del famoso ícono anti-Apartheid y estadista SudÁfricano marcaron el comienzo de la reparación de las relaciones con Occidente en muchos frentes, y parecieron anunciar una nueva era en las relaciones Libio-occidentales. De hecho, fue durante la década de 1990 que Gadafi dejó de brindar apoyo financiero, material y humano a los diversos movimientos panárabes y Pan-Africanos, especialmente a los grupos Palestinos. En cambio, se centró en levantar las sanciones contra Libia. Hay una escuela de pensamiento que él se dio por vencido con los Palestinos después de que la Organización para la Liberación de Palestina (OLP) de Yasser Arafat no le informara de las negociaciones secretas que estaban llevando a cabo con los Israelíes que eventualmente llevaron a la firma de los Acuerdos de Oslo I del 13 de Septiembre de 1993 sobre alcanzar la paz acuerdo entre Israel y los Palestinos. Su estatus de paria en ese momento se debió principalmente a las acciones de Libia en apoyo de los Palestinos.

Capítulo Cuatros

Los ataques terroristas del 11 de Septiembre de 2001 en los Estados Unidos de América alterarían el paisaje geoestratégico del mundo, especialmente cuando George W. Bush, el 43° presidente de los Estados Unidos de América declaró que "O estás con nosotros o estás contra nosotros." Se susurró en círculos altos poco después de esos ataques que Estados Unidos tenía la intención de derrocar a los regímenes en aquellos países que George Bush acusó de ser el" Eje del Mal ", que comprende Irán, Irak, Corea del Norte, Cuba, Libia, Sudán y Siria. Entonces, cuando Libia resolvió pacíficamente con los Estados Unidos de América en Diciembre de 2003 para eliminar su programa de armas de destrucción masiva, incluido un programa de armas nucleares de décadas, muchas personas dudaron de la afirmación del líder Libio de que su razón para querer eliminar el programa fue porque no quería que los terroristas se apoderaran de esas armas. En su lugar, sostuvieron que Gadafi se deshizo de su programa de armas de destrucción masiva debido a las amenazas hechas por los Estados Unidos de América que no podía soportar, y que el sucumbió a las demandas estadounidenses solo para apaciguarlas.

Muchos críticos de Gadafi no estaban contentos de que el líder Libio fuera bienvenido en las capitales occidentales. Cuando el primer ministro Italiano, Silvio Berlusconi, se jactó públicamente de que estaba entre los amigos cercanos de Gadafi, muchos críticos del hombre fuerte Libio se preguntaron si la nueva amistad de Gadafi y Occidente no se basaba en los negocios y el acceso al petróleo Libio.

Durante años, los hijos de Gadafi, y más especialmente su hijo y heredero aparente, Seif al-Islam Gadafi, se mezclaron libremente con la alta sociedad de Londres y otras altas sociedades en varias partes de Europa y América. Como para recompensar a Libia y a su hombre fuerte por "cambiar sus formas", las Naciones Unidas suavizaron las sanciones contra Libia en 2001, lo que facilitó a las compañías petroleras extranjeras elaborar nuevos y lucrativos contratos para operar libremente en el país. El resultado no fue solo una inyección masiva de capital en Libia, sino también una mejora en el nivel de vida, más libertad en el país y una mayor exposición al mundo exterior.

2010: Gadafi y otros jefes de estado Africanos

Cuando algunos Árabes acusaron a Gadafi de dar a Israel una ventaja estratégica más fuerte en la región con el desarme, de dar crédito a la doctrina estadounidense de guerra preventiva y de no obtener garantías de seguridad para Libia y el mundo Árabe. El gobierno Libio y sus partidarios respondieron que renunciar a su programa de armas nucleares permitió a Libia volver al redil de la comunidad internacional de naciones, obtener un asiento temporal en el Consejo de Seguridad de las Naciones Unidas y ahorrar algo de dinero para invertir en el pueblo Libio y en el desarrollo del país.

Muchos partidarios de Gadafi, especialmente en África, sostienen que Gadafi aprovechó el resurgimiento económico de Libia en el capital político en el continente y comenzó a promover la rápida realización de una Unión Económica Áfricana con una moneda respaldada por el oro llamada Dinar que habría reducido efectivamente el papel neocolonialista dominante de Francia en África Francófona, y como resultado, se volvió intolerable a los ojos de Francia y sus aliados occidentales. Sin embargo, sus críticos piensan que su gobierno dictatorial, su obstinación y su incapacidad para adaptarse al clamor por la democracia y la libertad desencadenaron la protesta contra su gobierno, una demanda de un cambio fundamental del sistema que degeneró en un levantamiento, y luego en una guerra civil.

Gadafi y el Presidente Francés, Nicolas Sarkozy, en 2007

Capítulo Cincos

Gadafi inicialmente pensó que la Primavera Árabe que comenzó en Túnez, el vecino oriental de Libia, en Enero de 2011, y luego se extendió al vecino occidental de Libia, Egipto, el próximo mes, lo que resultó en la expulsión de Zine El Abidine Ben Ali y Hosni Mubarak de Túnez y Egipto, respectivamente, pasaría por alto a Libia. Pero ese no fue el caso. Había estado en el poder durante cuatro décadas y no podía ser insensible a la oposición. Los cambios políticos en los vecinos orientales y occidentales de Libia elevaron la moral de los ciudadanos de los distintos países Árabes para protestar. En Libia, estallaron manifestaciones en la ciudad oriental de Bengasi, que es la segunda ciudad más grande de Libia, conocida por su historia de oposición a la ciudad capital de Trípoli, y luego se extendió por toda Libia, a pesar de las medidas de zanahoria y palo emprendidas por el régimen de Gadafi para mitigar la situación.

Las primeras medidas indecisas de Gadafi envalentonaron a los manifestantes y el enfrentamiento rápidamente degeneró en un levantamiento armado. Sus críticos lo acusaron de escalar la situación, de llevar a cabo una represión sangrienta y de usar mercenarios extranjeros. Gadafi, por su parte, afirmó que los manifestantes eran traidores, extranjeros, seguidores de Al Qaeda y drogadictos Instó a sus seguidores a continuar la lucha contra la nueva resistencia.

A finales de Febrero de 2011, los rebeldes habían formado un órgano rector llamado Consejo Nacional de Transición en Febrero de 2011. A finales de Marzo, una coalición de la OTAN liderada por Francia comenzó a brindar apoyo a las fuerzas rebeldes en forma de ataques aéreos y una zona de exclusión aérea, con apoyo logístico proporcionado por los Estados Unidos de América. La intervención militar de la OTAN en los próximos seis meses destruiría la Fuerza Aérea de Libia y diezmaría las Fuerzas Armadas del país, de modo que la mayoría de los que luchaban por Gadafi terminaron siendo personas que no tenían conexión con el ejército regular. Los ataques de la OTAN demostraron ser decisivos ya que una ciudad Libia después de que la otra cayó en manos de los rebeldes y cuando un ataque aéreo mató al hijo menor de Gadafi, Saif al-Arab Gadafi, y tres de sus nietos como el líder Libio y su esposa, Safiyahs, asistían a una reunión de familia y amigos organizado por su hijo Said al-Arab.

Cuando en Junio de 2011, la Corte Penal Internacional emitió órdenes de arresto contra Gadafi, su hijo Seif al-

Islam y su cuñado por crímenes contra la humanidad, el mundo entendió que los verdaderos poderes habían desautorizado por completo a Gadafi y que No había futuro para su régimen. Cuando un mes después de las acusaciones, más de 30 países reconocieron al NTC como el gobierno legítimo de Libia, se entendió que Gadafi había perdido la guerra civil.

Trípoli, la capital, cayó ante las fuerzas rebeldes a fines de Agosto de 2011, provocando un fin simbólico del gobierno de Gadafi cuando se retiró a Sirte, su ciudad natal, a pesar de que la mayoría de sus enemigos no podían decir con certeza dónde estaba. Básicamente había perdido el control de Libia, pero no se pudo determinar su paradero.

Entonces, cuando el 20 de Octubre de 2011, el mundo se enteró de que Muammar al-Gadafi había muerto cerca de su ciudad natal de Sirte, Libia, después de que un ataque aéreo de la OTAN contra su convoy lo obligó a esconderse en una zanja, de donde fue descubierto por los combatientes que procedieron matarlo, mucha gente encontró las noticias inquietantes. Sin embargo, aparecieron videos que mostraban el cuerpo ensangrentado de Gadafi arrastrado por combatientes rebeldes, luego su cadáver en exhibición, los últimos momentos en vivo de su otro hijo Mutassim Gadafi y más tarde el cuerpo sin vida de Mutassim después de haber sido ejecutado.

Si bien la noticia de la muerte de Gadafi se extendió, alentando a muchos Libios a salir a las calles en celebración de lo que muchos de ellos aclamaron como la culminación de su revolución y el comienzo de un nuevo capítulo en su historia, otros lo vieron como una prueba de que las antiguas potencias coloniales quienes no tenían los intereses del pueblo Libio en el fondo habían logrado derrotar a un gran baluarte contra la explotación y el control extranjeros adicionales o continuos de Libia y África. Este sentimiento se sintió profundamente en el Medio Oriente, y más especialmente en África, donde llegaron muchas noticias de que Gadafi había escondido oro y plata valorados en más de $ 7 mil millones, que pretendía usar para establecer una moneda Pan-Áfricana basada en el Dinar dorado Libio, una moneda que habría proporcionado a los países de África Francófona una moneda alternativa al Franco Francés (CFA) que se considera en muchos círculos como una de las herramientas del estrangulamiento Francés de sus antiguas colonias y territorios en África.

División de Libia por las Facciones Armadas: 2019

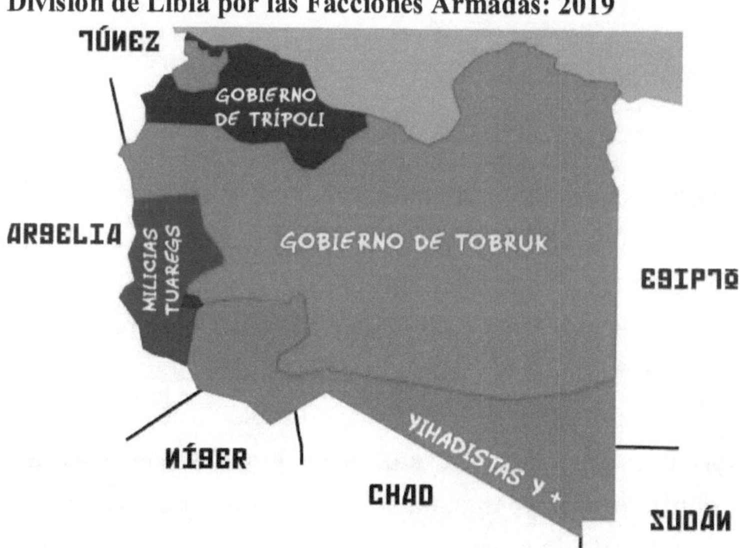

Mapa étnico y Tribal de Libia

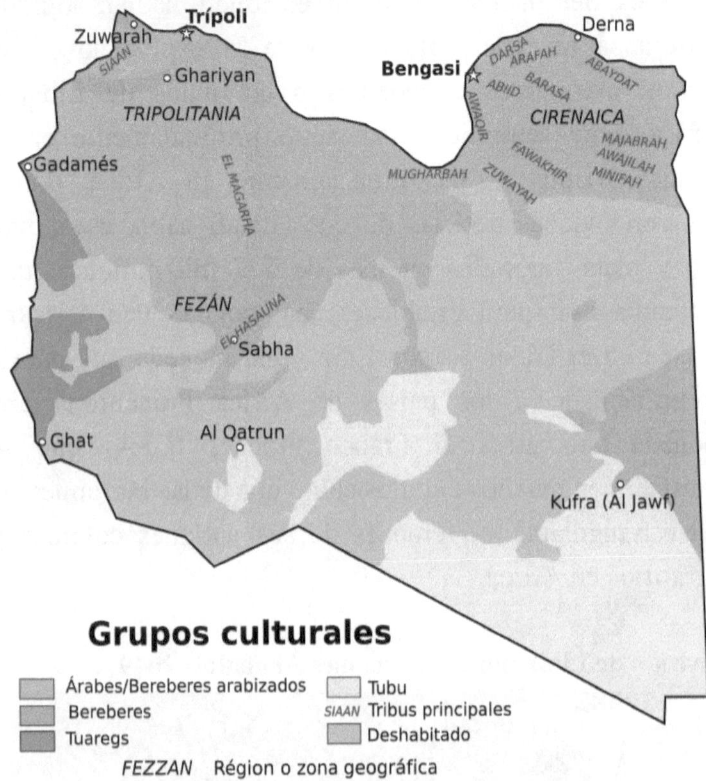

Los medios de comunicación (especialmente en el
Medio Oriente) especularon que el derrocamiento y el
asesinato de Gadafi harían que Irán, Corea del Norte y
posiblemente otros países, sean más reacios a renunciar
a sus programas nucleares y/o armas nucleares debido al
riesgo de estar debilitado y/o doble cruce después.
Muchos en África acusaron a las grandes potencias de
doble rasero, preguntándose por qué las potencias
occidentales se han codeado con dictadores Africanos
como Paul Biya de Camerún (en el poder desde 1982),

los Bongos (Omar, del 2 de Diciembre de 1967 - 08 de Junio de 2009, y ahora su hijo Ali desde el 16 de Octubre de 2009), los Eyademas (Gnassingbé, del 14 de Abril de 1967 - 5 de Febrero de 2005, y su hijo Fauré Essozimna desde el 04 de Mayo de 2005), dictadores que empobrecieron a su pueblo, son odiados en todos los ámbitos, e que flagrantemente organizan eleições fraudulentas para mantenerse en el poder, un sacrilegio a la democracia al que sus titiriteros hacen la vista gorda o dan sus bendiciones.

Mientras Libia después de Gadafi continúa envuelta en violencia seis años después de su muerte, los islamistas armados hacen que el país sea ingobernable, los señores de la guerra y las milicias armadas abundan y crean una situación que hace de Libia una colección de feudos, mientras dos gobiernos rivales reinan en el país, muchos se preguntan si Libia podría llegar pronto a un sistema operativo que sea mejor que el gobierno de Muammar Gadafi, quien era muy defectuoso, hambriento de poder, despiadado pero patriótico, que no pudo dejar atrás un legado pacífico que podría ser emulado por las generaciones futuras, un fracaso que hace posible que las fuerzas extranjeras que él deseaba mantener fuera de Libia tengan una mano libre para dar forma o no dar forma al futuro del país.

El efecto dominó de la guerra civil Libia se extendió por el norte y el oeste de África, cuando miles de combatientes, en su mayoría tuaregs étnicos de Malí y Níger que apoyaron a Gadafi o al NTC durante el conflicto, regresaron a sus países de origen con una amplia gama de armas y municiones, lo que desencadenó una serie de conflictos civiles en Níger, Malí, Argelia, Nigeria, Camerún, Chad y la República Centro-Áfricana. Hoy, hay poco clamor por una Unión Económica Áfricana, ya que ningún otro jefe de estado Áfricano ha dado un paso adelante para liderar el esfuerzo después de la muerte de Gadafi, dejando al continente hoy como la última frontera en una nueva lucha entre los poderes industriales del mundo para obtener los recursos menguantes del mundo.

Índice de Democracia: África y el Mundo

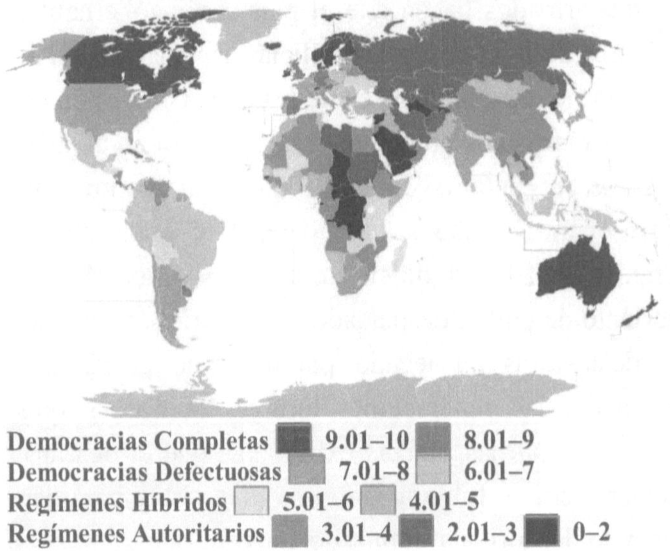

Mapa Político de los Países Africanos

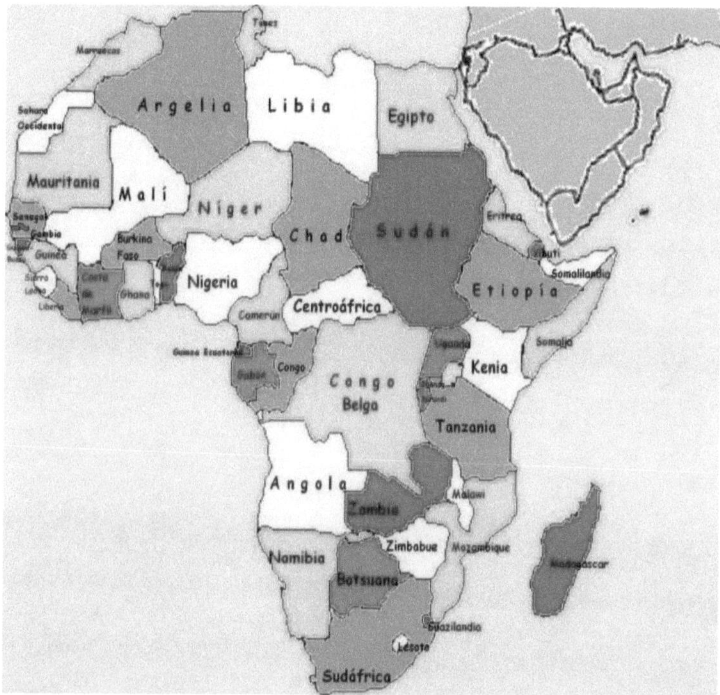

www.ingramcontent.com/pod-product-compliance
Lightning Source LLC
Chambersburg PA
CBHW051422250726
48655CB00003B/1183